TUSHITA VERLAG GmbH
Germany: Meidericher Str. 6-8
47058 Duisburg
0049 (0) 203 800 970

TUSHITA INC. USA
tushita.usa@tushita.com
456 Penn Street
19050 Yeadon PA
001 (0) 610 6267 770

www.tushita.com

service@tushita.com
expo@tushita.com
france@tushita.com

Zen Nature
© Tushita – artwork studios
Printed in EU on environmentally friendly paper.